AF229815

POURQUOI DONC SE FACHE-T-IL.

Mr. LE GÉNÉRAL BERTON ?

SI LA *CONFESSION* DE BONAPARTE LUI EN DONNE DE JUSTES MOTIFS.

Vous criez au scandale, et c'est vous qui le faites !

Par J. F. Simonot, ancien Aide-de-camp, ex-Employé supérieur des douanes en Italie ; Auteur des *Lettres sur la Corse*, de l'Opuscule *Ce que désirent les Libéraux*, etc.

A PARIS,

Chez l'Auteur, à son Cabinet de lecture, rue du Roule, n°. 2 ; et chez les Marchands de Nouveautés.

Juillet 1821.

DE L'IMPRIMERIE DE GUIRAUDET,
Rue Saint-Honoré, n° 315.

POURQUOI DONC SE FACHE-T-IL

Mr. LE GÉNÉRAL BERTON?

ET VOYONS

SI LA *CONFESSION* DE BONAPARTE LUI EN DONNE DE JUSTES MOTIFS.

L'INGÉNIEUX Michel Cervantes a tué, par le ridicule, cette chevalerie antique, beaucoup trop vantée, et qui n'a rendu quelques services que dans ces tems fort peu regrettables où l'Europe entière était plongée dans une épouvantable barbarie. Le héros qu'il met en scène, d'ailleurs le meilleur homme du monde, voyait partout des torts à redresser ; souvent même, comme dans l'aventure des yangois et des moulins à vent, son imagination troublée créait des fantômes pour se donner le plaisir de les combattre. Certes, nous n'avons pas l'intention de blesser un brave militaire dont nous aimons à croire que le caractère et les services sont très dignes d'estime. Mais le général Berton n'a-t-il pas, dans la circonstance qui nous occupe, suivi d'un peu trop près les traces de l'illustre chevalier de la Manche? Après avoir lu sa véhémente philipique, nous avons eu la curiosité de connaître cette *confession* fameuse, qui a si vivement excité son indignation. Quelle a été notre surprise, à la lecture d'une misérable rapsodie où les fautes de langue les plus grossières, qui se succèdent à chaque ligne, décèlent cette ignorance ignoble dont le mépris le plus profond peut à peine faire justice. Il a fallu nous armer de courage pour lire jusqu'à la fin cette production pitoyable , que les dernières classes du peuple elles-mêmes ont dû repousser avec dégoût ; et il nous est impossible de concevoir comment ce chef - d'œuvre de sottise , de platitude et de niaiserie a pu allumer à un tel point la colère du général Berton ! Mais ce qui nous paraît plus incompréhensible encore , c'est qu'il ait saisi cette occasion pour adresser de grosses injures à un magistrat que nous croyons fort innocent du *grave délit* qu'on lui impute.

Sans doute nous ne faisons que rendre justice au général Berton en le considérant comme un partisan zèlé des libertés que la Charte nous accorde , et surtout de la liberté d'écrire dont son dernier opuscule prouve qu'il aime à user largement. Pourquoi donc s'irriter si fort de ce qu'un malencontreux et famélique barbouilleur de papier , afin d'attraper quelques écus , se soit avisé de piquer la curiosité publique, par un titre mensonger , suivi de quelques phrases ineptes et burlesques , auxquelles il aurait bien voulu pouvoir donner plus d'esprit, de grâce et de correction ? car voilà tout le secret de cette ridicule affaire, à laquelle on s'efforce de donner une importance qu'elle ne mérite sous aucun rapport. Nous pensons qu'il doit être permis d'offenser, à ses risques et périls, la grammaire et le bon goût, et même de blesser la vérité historique, sans que l'autorité soit obligée d'intervenir, quand elle ne croit pas que les mœurs et l'ordre public puissent être compromis. Elle a souffert que la *Confession* de Napoléon fût colportée dans Paris ; mais n'aurait-elle pas toléré de même le débit de son oraison funèbre, si quelque honnête spéculateur avait jugé à propos d'exploiter cette branche d'industrie ? Dans la mauvaise humeur qui vous transporte vous répondrez que non ; mais moi, qui vois les choses d'un œil moins irrité, je penche, au contraire, pour l'affirmative ; je connais même tel écrivain, toujours à l'affût des circonstances, qui regrette beaucoup de ne pas avoir eu cette idée, et qui, un peu moins sot que l'auteur de la *Confession*, aurait sans doute mieux vendu sa drogue.

En attaquant avec une telle violence M. le baron Mounier, le général Berton ne s'expose-t-il pas à commettre une grande injustice ? Emporté par la passion, il n'a pas pris la peine de s'informer des attributions précises du haut fonctionnaire qu'il veut rendre responsable de l'acte qui lui déplaît. Nous ne nous piquons nullement de connaître le mécanisme et les ressorts publics ou secrets de ce grand pouvoir auquel on a donné le nom de police ; mais il nous semble que, si nous avions cru devoir nous plaindre de la permission accordée aux colporteurs et crieurs de la *Confession*, c'est à M. le préfet de police à Paris que nous aurions adressé nos reproches, et non à M. le Directeur général que ces détails purement locaux ne peuvent concerner.

Au reste, ni l'un ni l'autre de ces deux magistrats n'a pu prendre une part directe à la publication qui blesse si vivement le général Berton , et je n'en veux point d'autre preuve que la prodigieuse ineptie de cette pièce nauséabonde , qui ne méritait pas d'attirer un seul moment ses regards. Si la police , ou seulement quelques puissans du jour , avaient pu s'avilir au point de vouloir insulter publiquement à la mémoire de Napoléon , au moment même où la nouvelle de sa mort parvenait en Europe , était-il donc si difficile de trouver , parmi les écrivains qui sont toujours dévoués au pouvoir, dans quelque main qu'il soit placé , un homme capable de composer , en langage populaire , un morceau dont la lecture fût au moins supportable ? Nous savons bien que ce genre a ses difficultés , plus grandes qu'on ne le croit communément. Ce n'est pas chose aisée que de se mettre à la portée des classes les moins instruites de la société , de faire entrer dans ces intelligences incultes , par un stile simple , naturel et cependant pur et correct , des idées qui ne leur sont pas familières : il n'est donné qu'à peu de personnes de faire quelque chose qui ap-

proche du *simple discours de Paul Louis ,
vigneron* (*) ; mais il n'est peut-être pas plus
facile , pour quiconque n'est pas dénué de
toute éducation , d'arriver à l'inconcevable
degré de bêtise qui éclate dans chacune des
lignes de la *Confession* de Napoléon , et il ne
nous en faut pas davantage pour être certains
que ni la police , ni les émigrés , ni les ultra-
royalistes , n'ont pu se rendre coupables d'un
tel excès de sottise.

La colère est un mauvais conseiller ; ses
inspirations sont toujours malheureuses : nous
avons vu , de M. le général Berton , des mor-

(*) Nous n'avons pas eu l'intention de louer cet ouvrage,
quant au fond ; il est déféré aux tribunaux , et nous atten-
dons avec respect leur jugement : mais sous le rapport lit-
téraire , nous ne craignons pas de dire que cette brochure
de 27 pages d'impression , est un petit chef-d'œuvre qui
fait le plus grand honneur au talent de son auteur ,
M. Courier. Le style , dans son apparente simplicité , a
une vigueur , une énergie , un éclat qui étonnent ; on
égalera peut-être ce modèle d'un genre tout-à-fait neuf ,
mais il nous paraît difficile de le surpasser.

ceaux bien supérieurs , pour le fond et pour la forme , à *sa lettre au baron Mounier*. Que signifient ces invectives , sans noblesse et sans dignité , que renferme le second paragraphe de la page 4 ? Que dirons-nous de ce , *accompagné de plusieurs autres*, qui commence la 7ᵉ page? Comment un officier général , qui a prouvé qu'il savait écrire , quand il le voulait , s'a-baisse - t - il à ces locutions triviales , qu'on entend à peine aujourd'hui dans les rangs des simples soldats ? Au reste , nous prendrons la liberté de lui adresser des observations un peu plus sérieuses , parce qu'elles se rattachent à de hautes considérations politiques. Notre dessein n'est pas de faire l'apologie de M. le Directeur général de la police , qui ne nous a point chargés de prendre sa défense , et qui n'en a nullement besoin. Aussi , nous nous abstien-drons de faire remarquer l'inconvenance , et nous pourrions même dire l'injustice , de plu-sieurs expressions pleines d'amertume ; mais il en est une ou deux qui nous paraissent mériter une attention particulière.

Qu'entend M. le général Berton, par ces hommes *retournés*, au nombre desquels il semble avoir le dessein de ranger M. le Directeur général de la Police? Voudrait-il aussi préconiser cette singulière doctrine de dévouement servile, sans terme ni mesure, à une personne ou à une famille, dont tant de gens ont essayé de faire un dogme politique, parce qu'ils sentaient fort bien qu'ils en tireraient un grand profit? S'imagine-t-il donc que la Patrie soit tout entière dans un seul homme, et qu'il faille renoncer à la servir, quand cet homme n'est plus le chef suprême de l'Etat? Car voilà quelles seraient les conséquences rigoureuses des principes qu'il a l'air de vouloir mettre en crédit. Mais c'est un soin qu'il faut laisser à ceux qui, après vingt-cinq ans d'inactivité, sont venus fièrement demander à la France le prix des services qu'ils ne lui avaient pas rendus. Sans doute les hommes qui, élevés par Napoléon, sont allés se jeter avec une sorte de fureur dans les rangs de ses ennemis, qui comblés par lui de biens et d'honneurs lui prodiguent aujourd'hui les épithètes d'usurpateur et de tyran, ces hommes méritent toute l'infamie dont ils sont couverts. De même aussi les noms de MM. Drouot, Cambronne, Bertrand et Montholon qui se sont liés à sa fortune, quand le malheur l'a frappé, seront toujours environnés d'une haute estime. Mais prétendre qu'après une série d'évènemens extraordinaires qui lui ont irrévocablement ravi la suprême puissance, il faille s'interdire toute fonction publique, refuser à l'Etat les services qu'on peut lui rendre, ne serait-ce pas précisément imiter ces hommes que le général Berton ne veut probablement pas prendre pour modèles. Il ne resterait plus, pour rendre l'imitation complette, que d'essayer de troubler l'ordre public, ou de se joindre aux ennemis de la France, dans l'intérêt d'un individu ou d'une famille; et voilà ce que très-certainement aucun de ceux que l'on qualifie de Libéraux ou même de Bonapartistes, ne sera tenté de faire.

Au reste, il serait raisonnable et sage de se

tenir en garde contre deux excès qui nous paraissent également blâmables et ridicules. Il y a une sorte de démence adulatrice à se prosterner devant le prisonnier de Sainte-Hélène, à lui élever en quelque sorte des autels; comme il y a aussi de la bassesse et de la lâcheté à insulter ses restes inanimés, à essayer de flétrir sa mémoire. Cet homme, quoique l'on fasse, laissera toujours un grand nom dans l'histoire. Bonaparte, Général et Premier Consul, a fait des choses extraordinaires ; Napoléon, Empereur, en a fait de plus étonnantes encore : mais il a aussi commis des fautes énormes, qui ont exposé la France à deux invasions, dont les divers résultats ont été si funestes. Voilà ce qui a dû empoisonner ses derniers momens, et ce que les vrais français ont le plus de peine à oublier. Il n'est plus ; plaignons-le : et quand nous serons tentés de lui adresser des reproches trop mérités, n'oublions pas le haut degré de prospérité et de gloire auquel il avait élevé la France.

Nous avons ouï dire que quelques généraux

avaient signé une pétition, dont l'objet est de demander que le corps de Napoléon soit transporté en Europe. Mais lui-même a témoigné le désir d'être enterré à Sainte-Hélène, et il faut, quand on le peut, respecter les volontés des morts. Nous voudrions seulement que le nom de l'île Sainte-Hélène fut changé, et qu'on y substituât celui de *l'Ile du Tombeau*. Ce serait un hommage rendu à celui qui a si long-temps rempli l'Europe de son nom, et nous croyons que les nations Européennes, dont les vaisseaux sillonnent les mers, ne le lui refuseraient pas.